I am what I am. Take it or leave me alone.

わたしはわたし。そのままを受け止めてくれるか、さもなければ放っといて。

アルファポリス編集部・編

笑って
暮らすも一生、
泣いて
暮らすも一生。

ドイツの格言

虹が欲しけりゃ、雨は我慢しなきゃいけない。

ドリー・パートン
（歌手、女優／アメリカ）

私達に必要なのは、
自分の
素直な感情を
信じること。

エレン・スー・スターン
（コラムニスト／アメリカ）

汝の愛を選びなさい。
汝の選びを愛しなさい。

ドイツの諺

他人なんて
気にすることないよ。
あと百年もたったら、
ぼくたちをふくめて、
まわりにいる人間は、
どいつもこいつも
死んじまっているさ

『心のこり』より
藤堂志津子
（作家／日本）

未来とは今である。

マーガレット・ミード
（文化人類学者／アメリカ）

わたしは旅にある。

過去へ戻る旅ではなく、

前へ行く旅である――

すべて始まりからの再出発である。

『自伝』より
アガサ・クリスティー
（推理小説家／イギリス）

従順な女は
天国へ行くが
生意気な女は
どこへでも
行ける。

ウーテ・エーアハルト
（心理学者／ドイツ）

これからわたしは、ただの一秒だって、
あなたにつまらない思いなんかさせないわ。

『あしながおじさん』より
ジーン・ウェブスター（作家／アメリカ）

心は一人ひとり違います。
その意味では、人はいつも
“ひとり”なのよ。

ターシャ・テューダー
（絵本作家、画家、園芸家、人形作家／アメリカ）

人生を価値あるものにするのは、
歴史的な事件なんかではないの。

日々の生活なのよ。

ミシェル・モルガン
（女優／フランス）

私は、失敗を恐れたことはない。

よいことは、
必ず失敗の後に
やってくるの
だから。

アン・バクスター
（女優／アメリカ）

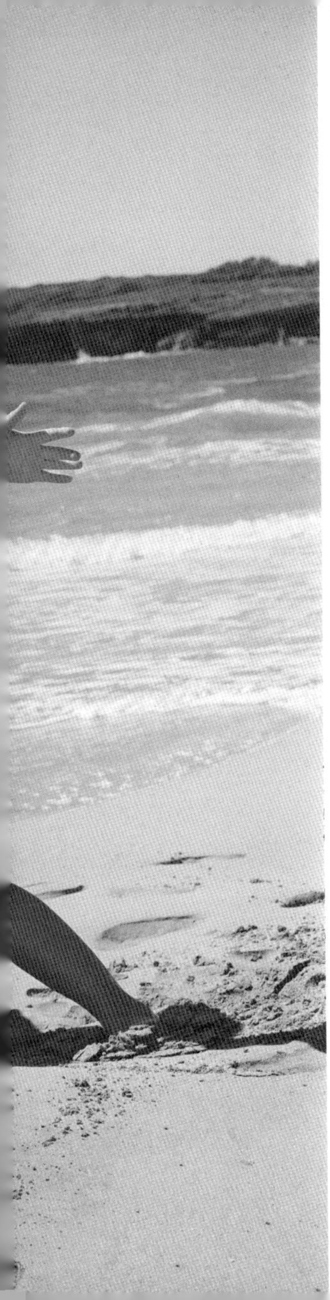

幸福とは
健康と
記憶力の悪さ
じゃないかしら。

イングリッド・バーグマン
（女優／スウェーデン）

ALL THE
WAY WITH
ADLAI
ADLAI

人生とは、何かを計画しているときに起きてしまう別の出来事のこと

シリア・ハンター
（自然保護活動家／アメリカ）

陽気な心というのは、まるで薬のように、身体にいい。

旧約聖書

心の底は
世界の果て
よりも
遠い。

中国の格言

地獄を見ても突き進む。
私の信条よ。
前進あるのみ。

ハル・ベリー
（女優／アメリカ）

あなたの言葉が、
あなたの中身を創る。

サネヤ・ロウマン
（チャネラー／アメリカ）

夢中で生きることが生きて行く目的

宇野 千代
（作家／日本）

BARBAPAPA OP REIS
DE PUIKE POSTBODE
BARBAPAPA
VLIEG OP, VOGELS

人がセクシーさを感じるのは、

ルックスじゃない。

あり方なのよ。

自分が自分であることを、

自然に受け入れている女性が、

結果的に誰にとっても

セクシーな存在になるんじゃない?

ジェニファー・ロペス
(歌手/アメリカ)

恋というのはすぐに冷えちゃうから、
暖めたり揺さぶったりしなくちゃいけないのよ。

エディット・ピアフ
（シャンソン歌手／フランス）

出かける前に、
何かひとつ外したら、
あなたの美しさは
完璧になる。

ココ・シャネル
（ファッションデザイナー／フランス）

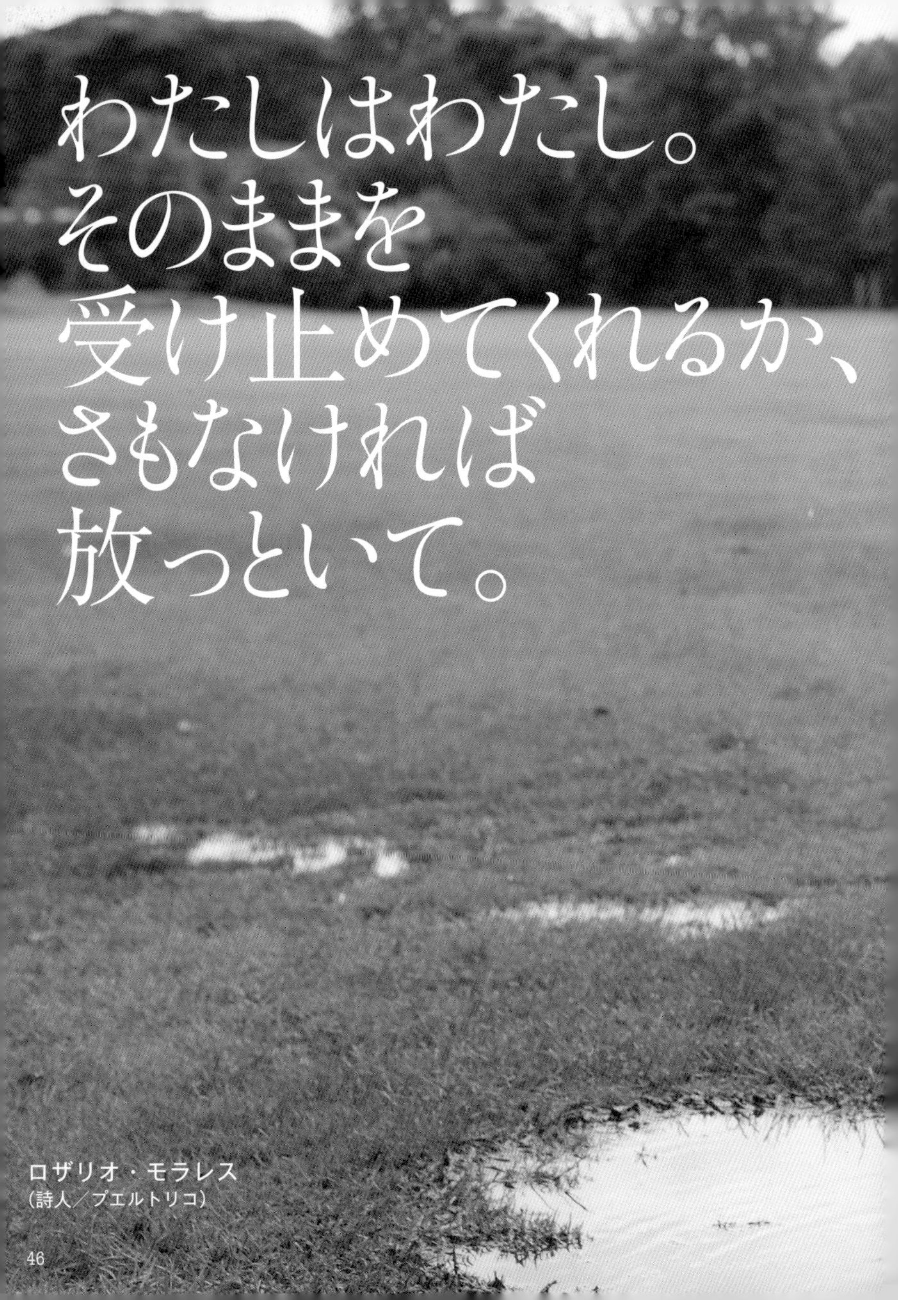

わたしはわたし。
そのままを
受け止めてくれるか、
さもなければ
放っといて。

ロザリオ・モラレス
(詩人／プエルトリコ)

少　し　ず　つ

少　し　ず　つ

行けるところまで

進　む　。

クロー族の格言

恋をしなさい。

好きと言えないなんてケチな根性よ。

宇野 千代
（作家／日本）

行く価値のある場所には
近道などひとつもない。

ビヴァリー・シルズ
（オペラ歌手／アメリカ）

人生とは
思い切った冒険、
さもなくば無意味。

ヘレン・ケラー
（教育家、社会福祉事業家／アメリカ）

過ぎたことは
逃げ去り、
待ち望んでいる
ものも今はない。
だが、現在は
君のものだ。

アラビアの格言

自分の勘を
信じなさい。

バーバラ・ウォルターズ
（ニュースキャスター／アメリカ）

あなたが
挑むことのできる
最大の冒険は、
あなたが
夢見る人生を
生きることである。

オプラ・ウィンフリー
（女優、司会者／アメリカ）

力と気品は
女の装身具
である。

旧約聖書

恋は
口を閉ざしていても
語り出す。

ドイツの格言

怠惰は
魅力的に見えるけど
満足感を
与えてくれるのは
働くこと。

アンネ・フランク
(『アンネの日記』著者／ドイツ)

自分自身に
負けない限り、
それは
敗北では
ないのです。

エレノア・ルーズベルト
（大統領夫人／アメリカ）

人生で出会う出来事は
すべて何かを教えてくれる。
生きている限り、学ぶべきことがある。

エリザベス・キューブラー＝ロス
（精神科医／スイス）

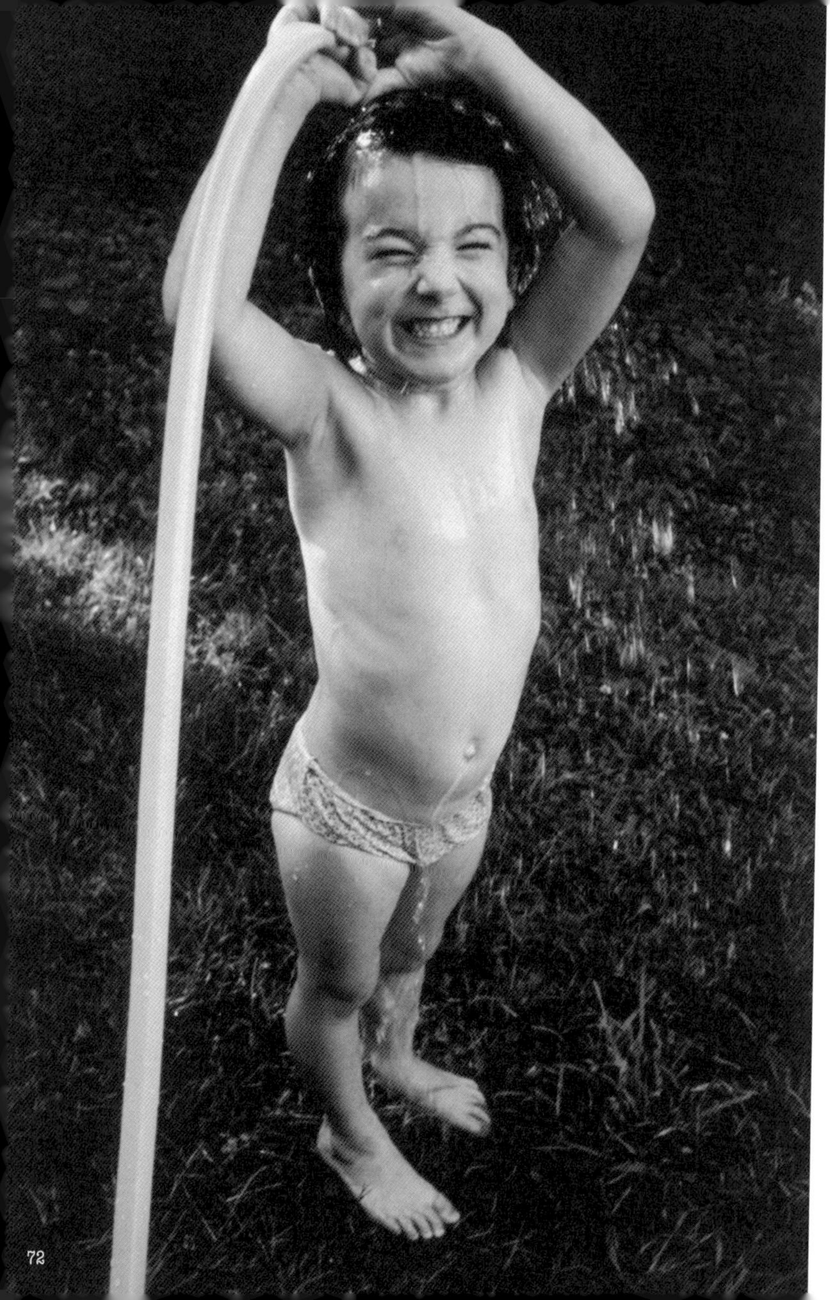

生きているだけで
楽しいってことを、
私は忘れたことがないの。

キャサリン・ヘップバーン
（女優／アメリカ）

ひとりひとりが重要であり、

それぞれに役割があり、

だれしもに現実を変える力がある

ジェーン・グドール
（動物行動学者／イギリス）

夢があれば、
老いることはない。

エリザベス・コーツワース
（詩人、児童文学作家／アメリカ）

私は、わがままでせっかちで
少し不安定。
ミスをおかすし、
自分をコントロールできないときもある。
でも、
もしあなたが私の最悪の時に
きちんと扱ってくれないなら、
私の最高の瞬間を
一緒に過ごす資格はない。

マリリン・モンロー
（女優／アメリカ）

世の中のことなんて、
どうだっていいの。
ただあなたが
愛してさえくれれば……

エディット・ピアフ
（シャンソン歌手／フランス）

自信があるフリをするのよ。
新人のときはいつもそうだった。
でもそうしていくうちに、
いつか自分のものになっていくの。

ジュリア・ロバーツ
（女優／アメリカ）

美しい唇である為には、
美しい言葉を使いなさい。
美しい瞳である為には、
他人の美点を探しなさい。

オードリー・ヘップバーン
（女優／イギリス）

失敗がなければ完全な人生とは言えない。

ソフィア・ローレン
（女優／イタリア）

他人を幸福にするのは、
香水をふりかけるようなものだ。
ふりかけるとき、
自分にも数滴はかかる。

ユダヤの格言

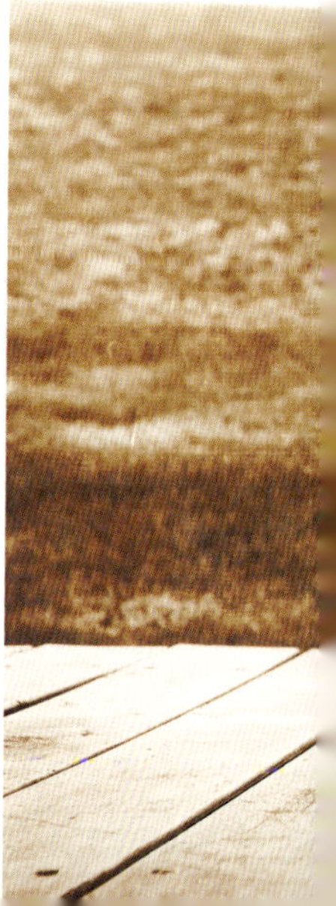

薬を10錠飲むよりも、
心から笑った方が
ずっと効果があるはず

アンネ・フランク
（『アンネの日記』著者／ドイツ）

さぼれば、
さびる。

ヘレン・ヘイズ
（女優／アメリカ）

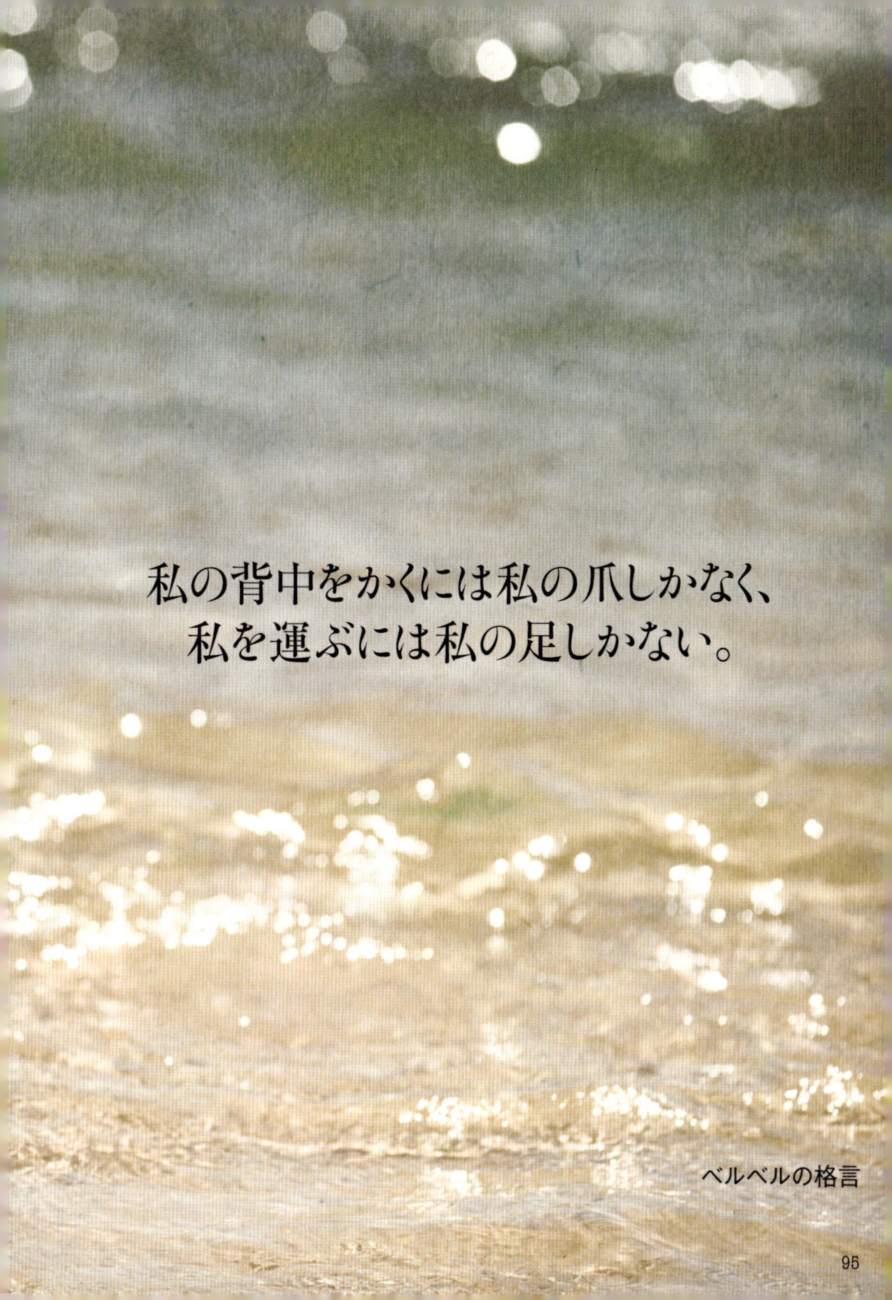

私の背中をかくには私の爪しかなく、
私を運ぶには私の足しかない。

ベルベルの格言

価値があるのは、
自分でつかんだ幸せだけ。

グレン・クローズ
（女優／アメリカ）

心の底から
涙を流すことを知らない者は、
本当に笑うことも知らない。

ゴルダ・メイア
（政治家／イスラエル）

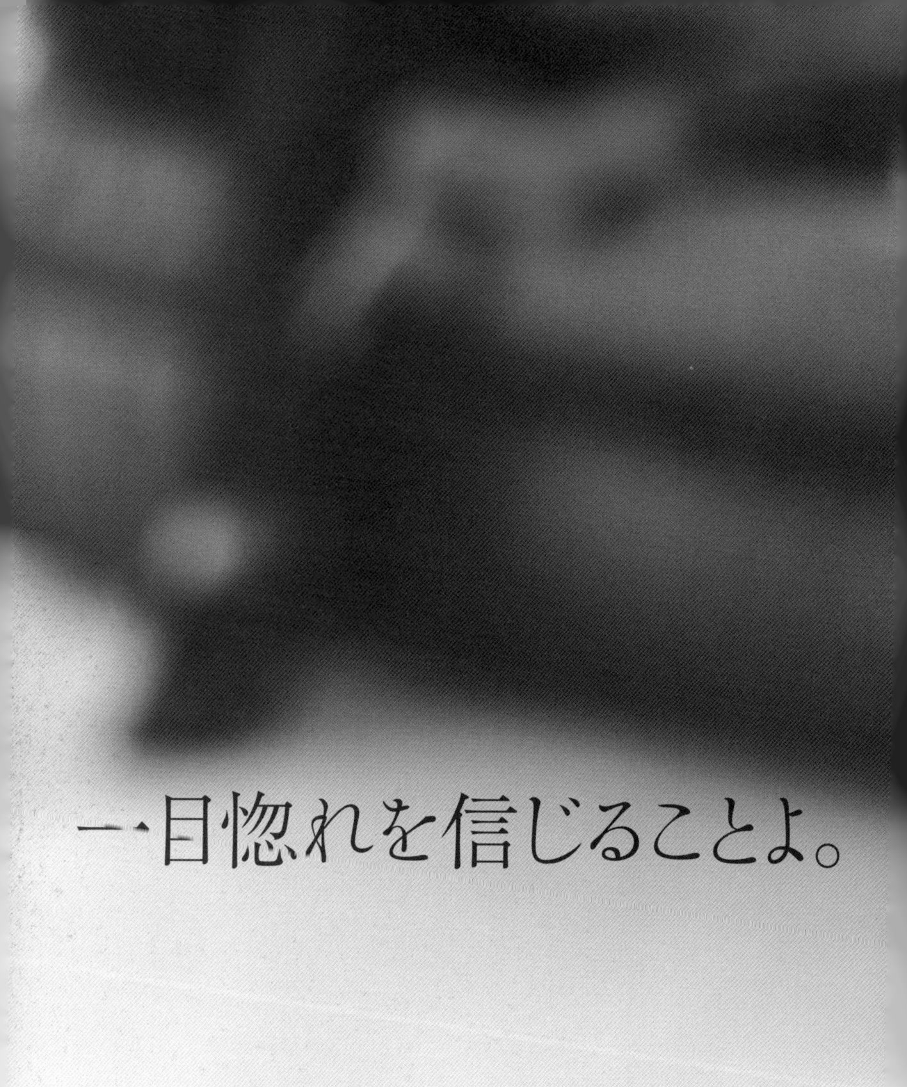

一目惚れを信じることよ。

サラ・ベルナール
（女優／フランス）

あなたの希望は、

あなたの心に宿っている。

あなたの心のままに、

希望の光は輝く。

あとは、

あなたが努力するだけだ。

キャサリン・マンスフィールド
（作家／ニュージーランド）

男っていったいなにかって？

アクセサリーよ。

パトリシア・ウッド

思いだして
悲しんでばかりいないで、
さっさと忘れて
にっこりすることだわ。

クリスティーナ・ロセッティ
（詩人／イギリス）

かけがえのない人間になるためには、
常に他人と違っていなければならない。

ココ・シャネル
（ファッションデザイナー／フランス）

私って本当に不十分な人。
そして、私はそういう自分を愛している。

メグ・ライアン
（女優／アメリカ）

私は常に自分を
自分の人生の
主人公として
大切にしてきました。

メリル・ストリープ
（女優／アメリカ）

私だけが
私の人生を変えられる。
ほかのだれにも
それはできない。

キャロル・バーネット
（女優、コメディアン／アメリカ）

道を云はず後を思はず名を問はず　ここに恋ひ恋ふ君と我と見る

『みだれ髪』より
与謝野晶子
（歌人／日本）

恋ってミステリーに似ている。
だって結末がわかったとたん、色あせちゃうもの。

ダグマール・ヒラローヴァ
（作家／オランダ）

人の苦しみを
やわらげてあげられる限り、
生きている意味はある。

ヘレン・ケラー
(教育家、社会福祉事業家／アメリカ)

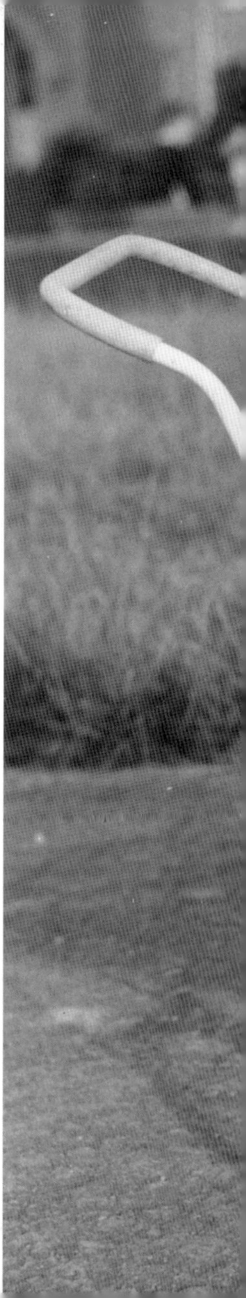

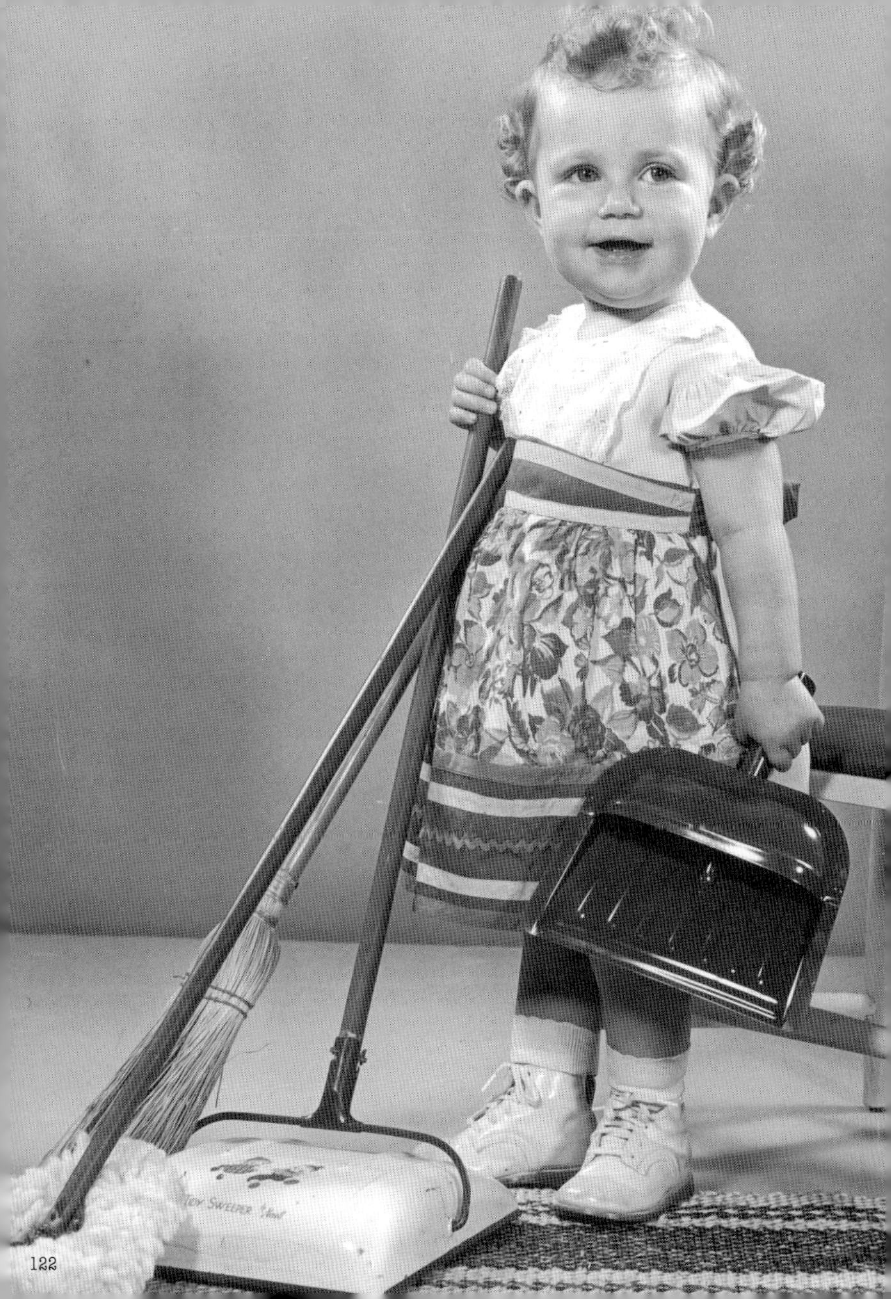
TOY SWEEPER

人間としての基本は、
自分で考え、
自分で行動し、
自分で責任を
取ることにある。

マーガレット・サッチャー
（政治家／イギリス）

死んだ女より
もっとかわいそうなのは
忘れられた女です。

詩「鎮静剤」より
マリー・ローランサン
（画家／フランス）

自分の
やっていることが
大好きで
それに価値があると
思っているのなら、
それ以上に
楽しいことなど
あり得ない。

キャサリン・グラハム
（ワシントンポスト社主／アメリカ）

人は女に生まれない。
女になるのだ。

シモーヌ・ド・ボーヴォワール
（作家、サルトルの伴侶／フランス）

1939

愛している
好き
何かしてあげたい
それだけでじゅうぶんじゃないの

岡本敏子
（芸術家・岡本太郎の妻／日本）

過去には帽子を脱いで
敬意を表し、
未来には上着を脱いで
立ち向かいなさい。

クレア・ブース・ルース
（劇作家、政治家／アメリカ）

男に言うことを
きかせたかったら、
いくつか
彼の言うとおりにしてやること。

リンダ・ライオン

JUST
MARRIED

愛せよ。

人生においてよいものはそれのみである。

ジョルジュ・サンド
（作家／フランス）

自分で自分のことを
考えないで
他に誰が
考えてくれるというの。

シンディ・クロフォード
（スーパーモデル、女優／アメリカ）

SWIM CLASS 2PM
TOYS
READ BOOKS !!
DANCE CLASS
SOCCER

ともに喜べば、
喜びは2倍に。
ともに悲しめば
苦しみは半分に。

ドイツの諺

セクシーさってそういう身体をしてるかどうかじゃないわ。

オーラよ。

たとえ袋におしこめられていても、男はちゃんとかぎつけるもの。

エルガ・アンデルセン
（女優／ドイツ）

十人の口が
保証しても、
両の眼で見るには
及ばない。
両の眼で見ても、
片手でさわるには
及ばない。

タイの格言

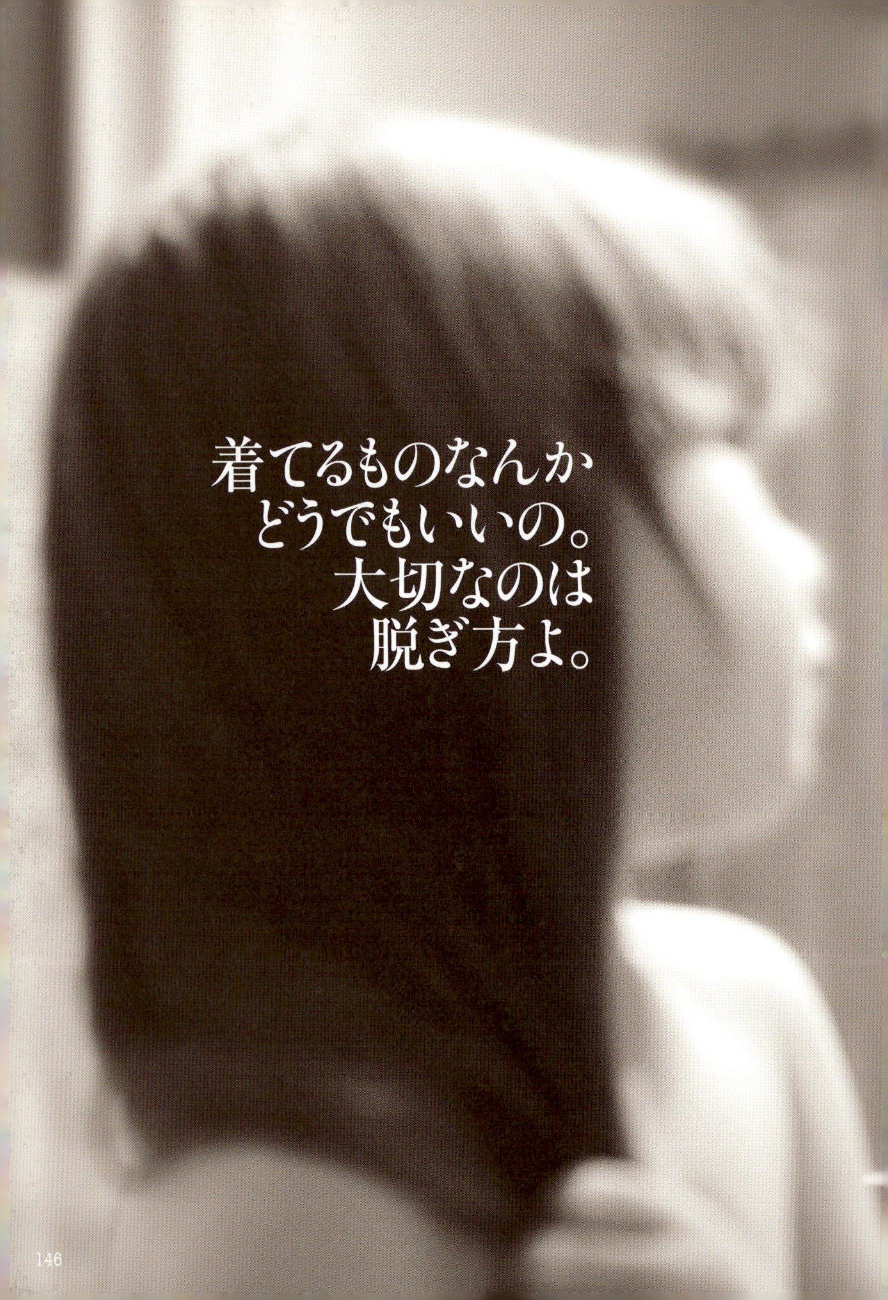

着てるものなんか
どうでもいいの。
大切なのは
脱ぎ方よ。

リビィ・ジョーンズ

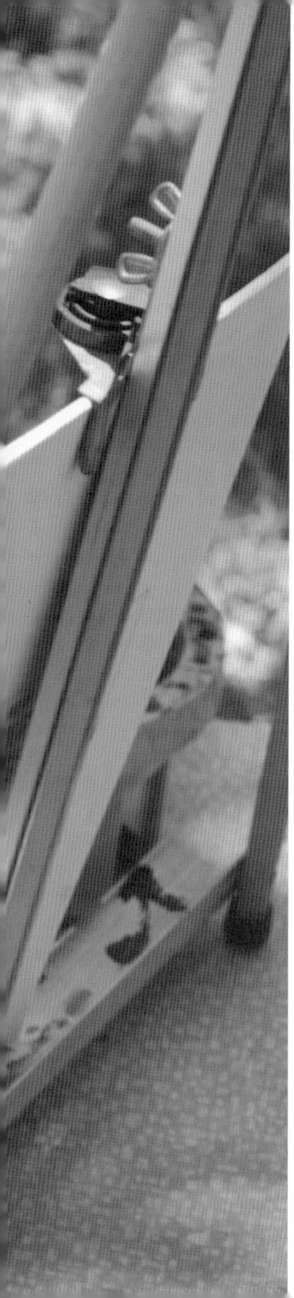

ほとんどの人は、

自分の音楽を奏でることなく生き、

そして、死んでいくのです。

勇気を出して、
奏でようとすることなく。

メアリー・ケイ・アッシュ

（化粧品会社創設者／アメリカ）

君が笑えば、

世界は君とともに笑う。

君が泣けば、

君は一人きりで泣くのだ。

エラ・ウィーラー・ウィルコックス
（詩人／アメリカ）

お金が欲しいんじゃない。
ただ、素晴らしい女になりたいの。

マリリン・モンロー
（女優／アメリカ）

綺麗な足でいたかったら、
男達の視線に足をさらしなさい。

マレーネ・ディートリッヒ
（女優、歌手／ドイツ）

人を愛して
その愛を露わにし、
人を憎んで
その憎しみを隠せ。

エジプトの格言

失敗とは
転ぶことではなく、
そのまま起きあがらない
ことなのです。

メアリー・ピックフォード
（女優／カナダ）

私が後悔することは、しなかったことであり、できなかったことではない。

イングリッド・バーグマン
（女優／スウェーデン）

いい日は幾らでもある。
手に入れるのが難しいのは
いい人生だ。

アニー・ディラード
（作家／アメリカ）

<Photo>
Anna Kern/Etsa/Corbis/amanaimages
Ariel Skelley/Blend Images/amanaimages
Ariel Skelley/CORBIS/amanaimages
Chuck Kuhn/Uppercut Images/amanaimages
Datacraft Co./ Ltd./amanaimages
DEX IMAGE/amanaimages
Gary Rhijnsburger/Masterfile/amanaimages
John Lee/Masterfile/amanaimages
Jonathan Gelber/fStop/amanaimages
Jonathan Knowles/Masterfile/amanaimages
Monalyn Gracia/Corbis/amanaimages
Paul Wenham-Clarke/Masterfile/amanaimages
PHOTO KISHIMOTO/amanaimages
ROB & SAS/CORBIS/amanaimages
Royalty-Free/Corbis/amanaimages
T. Kruesselmann/zefa/Corbis/amanaimages

Aaron C Photography/Getty Images
Abi Campbell Photography/Getty Images
altrendo images/Getty Images
Andre Gallant/Getty Images
Antonio Brigandi/Getty Images
ART SHAY/Getty Images
Barbara Peacock/Getty Images
Barrie Glover/Getty Images
Benn Mitchell/Getty Images
Biddiboo/Getty Images
C Donnelly/Getty Images
Cass Dottridge/Getty Images
Constance Bannister Corp/Getty Images
David Epperson/Getty Images
David Hofmann/Getty Images
David Maisel Photography/Getty Images
David Oliver/Getty Images
David Patrick Valera/Getty Images
E Phillips/Getty Images
Elyse Lewin/Getty Images
Evening Standard/Getty Images

Fox Photos/Getty Images
FPG/Getty Images
Full House Images/Getty Images
George Marks/Getty Images
H. Armstrong Roberts/Getty Images
Heleen/Toddlertoes/Getty Images
Holger Leue/Getty Images
HOWARD SOCHUREK/Getty Images
JAMES WHITMORE/Getty Images
Jamie Grill/Getty Images
Jerome Tisne/Getty Images
Jesse Jean/Getty Images
John Drysdale/Getty Images
John Philby/Getty Images
Jon Fisher/Getty Images
Jupiterimages/Getty Images
Lambert/Archive Photos/Getty Images
Laura Ciapponi/Getty Images
Lisa Kimmell/Getty Images
Liz Banfield/Getty Images
Marcy Maloy/Getty Images
Marilyn Conway/Getty Images
Martin Barraud/Getty Images
Mel Curtis/Getty Images
Michael Hall/Getty Images
Niels Schubert Fotograf/Getty Images
Peggy Washburn/Getty Images
Per Breiehagen/Getty Images
Peter Cade/Getty Images
Peter Sherrard/Getty Images
Popperfoto/Getty Images
Roberta Fineberg/Getty Images
Stephanie Rausser/Getty Images
Stephen Swain Photography/Getty Images
SuperStock/Getty Images
Tosca Radigonda/Getty Images
Ulli Seer/Getty Images
Vintage Images/Getty Images

参考書籍

『世界名言・格言辞典』
（モーリス・マルー編、島津智訳／東京堂出版）

『世界の女性名言事典　未来を切りひらく希望のことば』
（PHP 研究所編／ PHP 研究所）

『幸福の言葉』
（宇野千代著／海竜社）

『女を磨く ココ・シャネルの言葉』
（髙野てるみ著／マガジンハウス）

『心のこり』
（藤堂志津子著／文藝春秋）

『さみしい夜に読むことば (seisou「ことばのちから」シリーズ)』
（荻野文子選／青草書房）

『別れのときに読むことば (seisou「ことばのちから」シリーズ)』
（杉田かおる選／青草書房）

『私だって言ってみたい！　人生が楽になる女たちの名文句』
（タニア・シュリー＋フーベルトゥス・ラーベ編、平野卿子訳／講談社）

『人生の言葉（人生の言葉シリーズ）』
（「人生の言葉」編集部編／日本ブックエース）

『地球時代の文化論—文化とコミットメント』
（M. ミード著、太田和子訳／東京大学出版会）

『Happy(しあわせ) 名語録—一瞬で人生が変わる !』
（ひすいこたろう＋よっちゃん著／三笠書房）

『みだれ髪』
（与謝野晶子著／新潮社）

他

参考ホームページ

「座右の銘にしたい名言集」
（http://za-yu.com/）
「世界の名言・癒しの言葉・ジョーク」
（http://becom-net.com/）
「なっ得の名言集」
（http://homepage1.nifty.com/yamahide/）
「英語名言集」
（http://www.kkgs.net/）
「格言・名言集 言霊 .in」
（http://www.kotodama.in/）
「世界傑作格言集」
（http://kuroneko22.cool.ne.jp/）
「名言集 .com」
（http://www.meigensyu.com/）

その他、複数の個人サイトを参考にさせていただきました。

わたしはわたし。
そのままを受け止めてくれるか、さもなければ放っといて。

アルファポリス編集部・編

2010年 7月 7日初版発行
2010年12月 12日 5刷発行

編　集：太田鉄平
発行者：梶本雄介
発行所：株式会社アルファポリス
〒153-0063東京都目黒区目黒1-6-17目黒プレイスタワー4F
TEL 03-6421-7248
URL http://www.alphapolis.co.jp/
発売元：株式会社星雲社
〒112-0012東京都文京区大塚3-21-10
TEL 03-3947-1021
装丁・本文デザイン：ansyyqdesign
印刷：シナノ書籍印刷株式会社

価格はカバーに表示されてあります。
落丁乱丁の場合はアルファポリスまでご連絡ください。
送料は小社負担でお取り替えします。

ISBN978-4-434-14640-4 C0095